Désirée von Trotha

IM AUGE DER ZEIT

Bilder und Notizen aus der Sahara

für meine Mutter, die mir stets den Rücken stärkt

HERZLICHEN DANK
Claudia Abbt
Intagrist & Fadimatou El Ansari
Moussa Aouameur & Zohra Tagabou
Rhissa Ag Boula
Susan Bühler
Elhadji Mohamed Koumama & Kola Attefok
Moussa Mahamat & Esther Weibel
Max Moser
Christine Paxmann
Tinka Schlotterer
Susanne Sterzenbach & Peter Vogel
Abdelkader & Anna Touhami

1. Auflage 2015

der Buchverlag der CINDIGOfilm GmbH, München & Berlin
www.cindigo.de

Lektorat: Gabriele Sausen
Grafik & Umschlag & Karte: Désirée von Trotha
Druck: CPI books GmbH, Leck

Printed in Germany

ISBN 978-3-944251-32-5

ZITAT Seite 5 – Antoine de Saint-Exupéry, *Flug nach Arras*

Désirée von Trotha

IM AUGE DER ZEIT

Bilder und Notizen aus der Sahara

Sicherlich entflieht man sich beim Reisen auf der Suche nach der Weite. Aber die Weite lässt sich nicht finden. Sie gründet sich. Und die Flucht hat noch niemals irgendwohin geführt.

Antoine de Saint-Exupéry

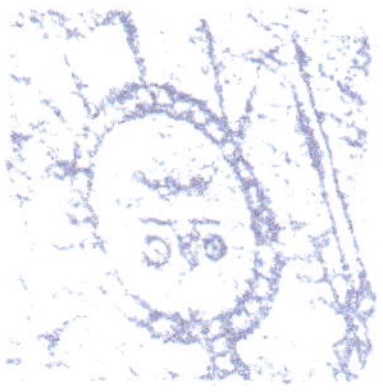

Im Winter 1991 verschlug es mich bei Dreharbeiten zum ersten Mal in die größte Wüste der Welt zu den Tuareg, oder besser Kel Tamaschek, wie sich die Nomaden selbst nennen. Die *as-sahra*, arabisch *von gelber Farbe*, wovon sich der Name Sahara ableitet, sollte mich nicht wieder loslassen. Sie ist das verlorene Paradies. Wo heute die große Leere herrscht, lag vor zweihunderttausend Jahren ein blühendes Land. Meere, Seen und Flüsse verschwanden und hinterließen fast neun Millionen Quadratkilometer mit weiten Schotterebenen und Sandfeldern, hohen Dünen und Bergen, die Hitze, Kälte und Wind fortwährender Wandlung unterwerfen.

Die alten Ägypter nannten die Sahara das Reich des Todes. Dort erhoben sich die Seelen der Verstorbenen aus ihren Gräbern, um der untergehenden Sonne in die Unterwelt zu folgen. Den Griechen galt *libya* als Heimat der Medusa, bei deren Anblick alle Lebewesen zu Stein erstarrten, während die Medusa für die Libyer, deren Ahnen in der Sahara siedelten, die Erdmutter war, ein Symbol für die schöpferischen und vernichtenden Kräfte der Erde.

Die Sahara ist die Heimat von Nomaden. Seit jeher zogen Kel Tamaschek, Tubu und andere nach der Devise: *das Land ist so frei wie die Gedanken*, mit ihren Herden durch ihre traditionellen Weidegebiete. Doch spätestens mit dem Ende der

Kolonialzeit ab 1960 fanden sich die Hirtenvölker auf verschiedene Staaten verteilt und meist von fremden Völkern regiert. Regierungen, die ihre jungen Nationen und Territorien bis heute mit allen Mitteln zu verteidigen suchen, nehmen die kaum kontrollierbaren Wanderbewegungen ihrer nomadischen Minderheiten eher als Störfaktor denn als kulturelle Bereicherung wahr.
Einige Nomaden wie Kel Tamaschek oder Tubu rebellierten, griffen für mehr Autonomie zu den Waffen. Manche kämpften und kämpfen bis heute für einen eigenen Staat.
Mittlerweile ist ihre Heimat in Teilen radikal in Unordnung geraten: Dschihad-Terroristen breiten sich aus; Banditen, Milizen, Rebellenkämpfer, Drogen- und Waffenschmuggler kontrollieren weite Regionen. Französische und UN-Truppen halten im Norden Malis dagegen, wo es wie im Süden Libyens immer wieder zu Gefechten zwischen bewaffneten Gruppen und mit Soldaten der staatlichen Armeen kommt.
Im Norden Nigers ist die Sicherheitslage angespannt. Tausende Menschen aus dem Nachbarland Nigeria entflohen dem Vormarsch der Boku Haram in den Niger, dessen Armee mit Nigeria und Tschad gegen das Vordringen der äußerst mobilen Terroreinheiten auf ihre Staatsgebiete kämpft. Auch im Süden Algeriens und Mauretaniens sowie im Norden des Tschads herrscht nur vordergründig Ruhe.

Regionale und internationale Interessen an Einfluss und Rohstoffen heizen die Konflikte im Verborgenen an. Ständiges Ringen um die Kontrolle von Schmugglerrouten kreuz und quer durch

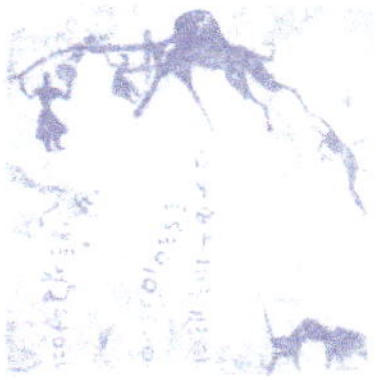

die Wüste und ein grenzübergreifender Goldrausch, der scharenweise Menschen anzieht, sorgen für weitere Unruhe.
Die nun so finsteren Wolken ballten sich keineswegs jäh über der Sahara zusammen; sie zogen ganz allmählich auf. Über eine Dekade gab es eindringliche Warnungen aus dem In- und Ausland, die in den Wind geschlagen wurden.
Die Folgen trägt wie überall auf der Welt die Zivilbevölkerung. Menschen, die auf der Suche nach Wasser und Weideflächen mit dem Überleben in widrigster Natur zu kämpfen und von ihren häufig ungeliebten Regierungen selten mehr als Brotkrumen an Unterstützung erhalten haben, gerieten in Hexenkessel voller Gewalt. Zehntausende zogen ins Exil. Viele schlagen sich in der Heimat mehr schlecht als recht durch den Tag, leiden unter bewaffneten Überfällen und auch Dürre.
In weiten Teilen der Sahara ist unbekümmertes Reisen nicht mehr möglich, die Gefahr von Anschlägen und Entführungen nicht von der Hand zu weisen. Dennoch zieht es mich regelmäßig zu den Freundinnen und Freunden vor Ort. Nicht leichtsinnig, sondern als erwarteter Gast unter dem Schutzschirm einflussreicher Familien, die zuweilen auch mit dem Einsatz des eigenen Lebens über meine Sicherheit wachen.
«Im Auge der Zeit» berichtet in Wort und Bild von meinen Reisen, zeichnet einige der zahlreichen politischen, wirtschaftlichen und sozialen Verwerfungen auf und hält die trotz aller derzeitigen Bitternis unglaubliche Schönheit des Landes da draußen hinter dem Horizont und seiner Bewohner fest. Nomaden, deren Kultur vom Untergang bedroht ist.

Als ich zum ersten Mal zu Kel Tamaschek in die Sahara kam, erlag ich wie viele Fremde dem Trugschluss, dass Nomaden sich stets auf Wanderschaft befinden und keine feste Heimat haben. Doch das ist falsch. Abgesehen von Dürreperioden und anderen Katastrophen kreisen die einzelnen Familien mit ihren Herden stets in der gleichen Region, und die Identität des einzelnen stützt sich fundamental auf *akal*, die Heimat. Sie ist ein Ort des Glücks, der Sicherheit und Träume, der mir von Freundinnen und Freunden immer wieder stolz gezeigt wurde: *schau die Akazie. In ihrem Schatten wurde ich geboren. Im Tal da hinten durfte ich zum ersten Mal die Ziegen meiner Familie zum Weidegang führen.*
Es ist das scheinbare Paradox der Kel Tamaschek. Ihr Wesen ist ihre Existenz als Nomaden. Ihre Utopie jedoch der feste Ort, dem sie gehören.

Ob Gott in der Wüste sein Gästezimmer bereithält? Manche Nomaden behaupten das. Die Sahara fordert die Auseinandersetzung mit sich selbst. Es lauert eine launische Weite, die für uns Europäer kaum vorstellbar ist. Einfach nur nichts.
Vielleicht faszinierend. Nüchtern betrachtet ist dieses Nichts immer und unbedingt feindlich. Dort fühle ich mich sehr klein, zugleich jedoch seltsam geborgen. Bei jeder Reise etwas mehr.
Nur Weite und ein ferner Horizont. Keine Straße, die einem ihren Willen aufzwingen könnte. Nur Sand, Geröll und hohe Felsen; und Stille, manchmal so sehr, dass der Atem der Erde leise im Körper schwingt.

Die Erde hat nur eine Sonne.

Sprichwort der Kel Tamaschek

Die Wüste ist das schlechteste Versteck der Welt. Keine Spur bleibt verborgen, den Nomaden schon gar nicht. Ob Chaambi, Kel Tamaschek, Maure, Tubu oder Zaghawa, die Menschen der Sahara wissen genau, was sich im weiten Umkreis ihrer Lager- und Weideplätze abspielt. Sie kennen ihr Land wie ihre Kamelherden, wo jeder Fußabdruck der Tiere Geschichten erzählt.
Einige Männer sind in der Lage, den Weg über hunderte, ja mehrere tausend Kilometer durch die größte Wüste der Welt zu weisen. Ganz ohne Kompass oder GPS, nur mit Hilfe von Sonne und Sternen, Sandfarben und Felsformationen. Sie genießen hohes Ansehen und werden mit *amanar* oder *khabir* und auch auf Französisch mit *grand guide* angesprochen.

Manchmal stehle ich Nomaden in der Sahara ein Bild: bei einer flüchtigen Begegnung, wenn das Gegenüber verschwommene Bewegung, Rücken oder abstrakte Figur in der Ferne ist, nicht als Person erkannt werden kann. Sonst frage ich, bin nah mit der Kamera und suche den direkten Blick, den Menschen, der sich zeigt.

6. Februar 2014 - Joa, Tschad

Jetzt, sagt das Mädchen und beginnt einen Tanz vor meiner Kamera. Ihm gehört die ganze Welt.

22. November 2003 - Agadez, Niger

Wer einmal unser Wasser getrunken hat, wird wieder zurückkommen, sagt ein alter Herr, der im Mauerschatten der großen Moschee sitzend die Abendsonne genießt.

Tegadez - der Besuch, von diesem Wort der Kel Tamaschek erhielt Agadez vor Jahrhunderten seinen Namen. Möglicherweise deutet er eine tiefe Wahrheit über diesen uralten Knotenpunkt von Karawanenstraßen an, der vielleicht weniger eine Stadt ist als ein sich ständig verändernder Ort, geprägt durch seine verschiedenen Besucher, die sich seiner zum eigenen Besten bedienen, ohne Verantwortung für Gemeinschafts- und Zukunftsprojekte übernehmen zu wollen. Verantwortung in der Stadt soll allein der Staat oder Gott tragen. Allerdings ist letzterer erfahrungsgemäß wenig berechenbar, und die Repräsentanten des ersteren, häufig aus der im fernen Süden am Nigerfluss gelegenen Hauptstadt Niamey in das Tor zur Wüste gesandt, neigen dazu, ihre Zeit mit dem Schmieden von Fluchtplänen zu verbringen, um diesem in ihren Augen höllischen Leben am Ende der Welt zu entkommen.

Man sollte nur Menschen, die mit dem Herzen sprechen, eng an das eigene Herz heranlassen.

Elhadji Mohamed Koumama, Silberschmied aus Agadez, Niger

3. Januar 2015 - Agadez, Niger

Gani, der Geburtstag des Propheten. Am späten Nachmittag reitet Oumarou Ibrahim Oumarou mit seinem Gefolge über Sand und Asphalt. Der Sultan ist ein zurückhaltender Mensch, dessen Finger genauso lässig über die Tastatur eines Computers gleiten wie sie die Zügel seines Pferdes führen. Intoleranz und Bevormundung sind ihm fremd, Ausgleich und Versöhnung das Herz seiner Politik.
Heute soll ein Zeichen gesetzt, *gani* wieder wie eh und je gemeinsam mit den Schmieden der Kel Tamaschek gefeiert, auf einem Platz in der Altstadt die Nacht hindurch gebetet werden.
Salafistisch ausgerichtete Sekten wettern dagegen. Sie suchen Stadtbewohner aus ihrer sozialen Gemeinschaft und traditionell weltoffenen Religionspraxis herauszureißen, predigen gegen jede religiöse Zeremonie, die nicht nach ihren rigiden Islamvorstellungen vollzogen wird. Einige ihrer tief verschleierten Frauen versuchen den Festzug zu stören und werden von Palastwachen des Sultans vertrieben.

3. Januar 2015 - "gani" in Agadez, Niger

Nach Sonnenuntergang beginnt das Gebet. Frauen und Männer stehen im Kreis und sprechen heilige Verse aus dem Koran. Die Frauen wiegen dabei mit ihren Oberkörpern vor und zurück, Symbol für den Schmerz der Mutter des Propheten Mohamed bei der Geburt. Sachter Westwind weht den Gesang der Betenden in Häuser und Höfe.

29. Dezember 2011 - bei Joa (Ounianga Kebir), Tschad

Sturmböen zerren an zerfetzten Stoffbahnen. Hölzerne Skelette ragen aus dem Sand. Das Flüchtlingslager in der Wüste wurde nicht abgebaut. Es stehe für die nächste Katastrophe bereit, sagt ein alter Herr, der sanitäre Anlagen und einen einsamen Wasserturm bewacht.

Die letzten Insassen, aus Libyen geflohene Gastarbeiter, wurden Anfang November 2011 von den Vereinten Nationen Richtung Süden verfrachtet. Lange Lastwagenkolonnen quälten sich über Wüstenpisten, transportierten Hundertschaften. Zumeist Männer, die es durch die Kriegsfronten geschafft und häufig ihre letzten Ersparnisse an Gaddafis Soldaten oder deren Gegner verloren hatten, manchmal wochenlang von Bewaffneten bedroht irgendwo in der Sahara ausharren mussten, wenn sie nicht für oder gegen die Revolution kämpfen wollten.
Und die Zukunft? *Ich bin gerade noch am Leben*, sagte damals einer und lachte viel zu laut. Das sei mehr als genug. Die Zukunft, die komme später.

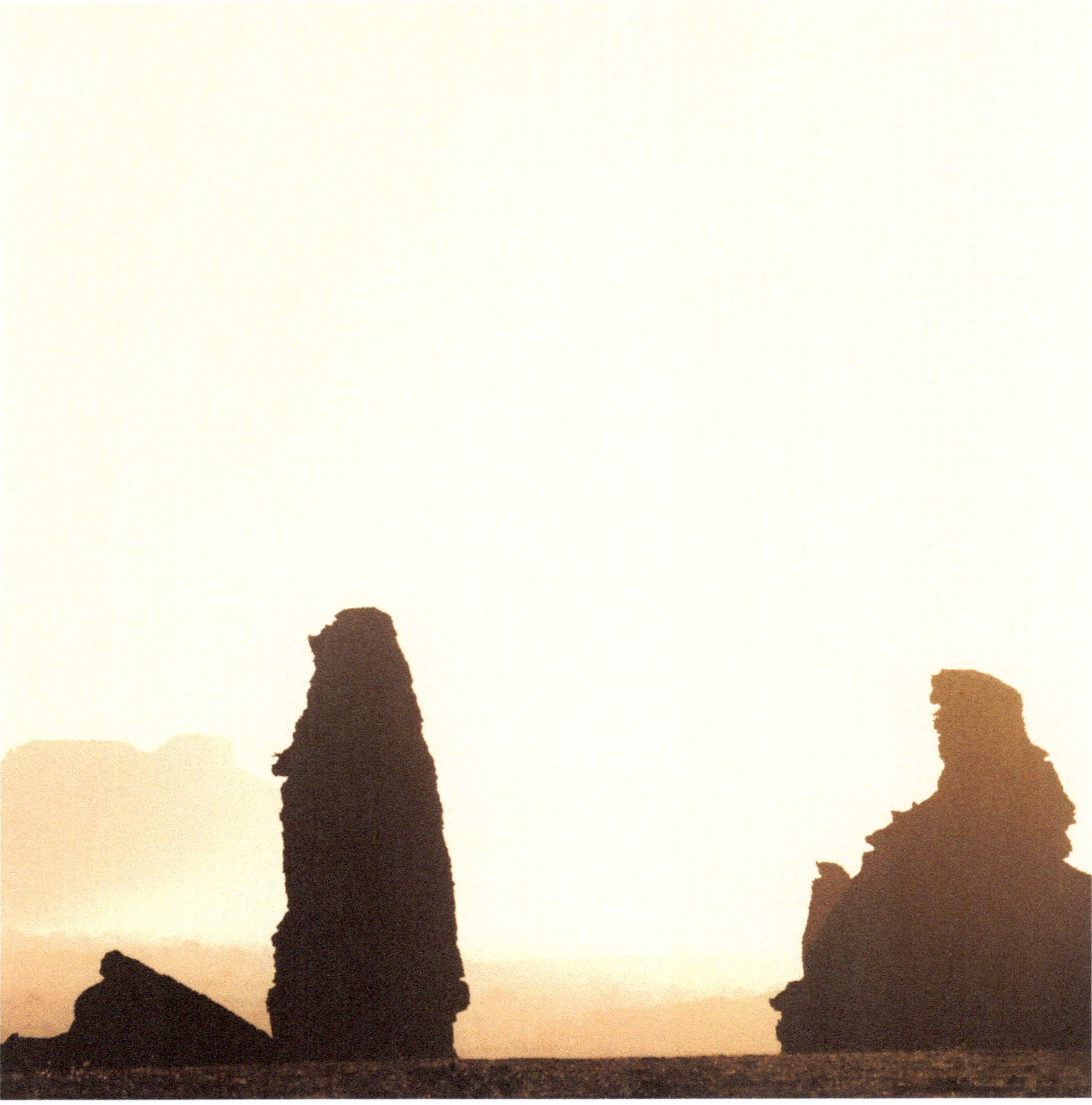

Die Sahara ist die Heimat von Nomaden. Das weiß jedes Kind. Und sie ist die Heimat von Geistern. Das weiß jeder Nomade. Auch, dass man diese Wesen der Scheinwelt nur selten zu Gesicht bekommt. Anders als jene modernen Geister, die sich anfangs ganz leise und dann immer lauter in der größten Wüste der Welt ausbreiteten: Ansar Eddine, Mujao, Al-Mourabitoun, Boku Haram oder Aqmi, der saharische Arm der al-Qaida. Mit dem angeblich einzig wahren Islam bewaffnete Dschihad-Terroristen, die durch Gräueltaten von sich reden machen und riesige Landstriche in Angst und Schrecken versetzen.

Die modernen Geister tauchten keineswegs unerwartet auf. Korrupte Politiker und Militärs, lokale Kriegsfürsten, regionale Widersacher und internationaler Eigennutz ließen sie allmählich aus der Flasche.

Nun sind die Kinder erwachsen, verbünden sich weltweit mit ihresgleichen und nutzen die Mittel des Terrors, um neben dem angestrebten Aufbau eines Gottesstaats massiv bei illegalen Aktivitäten mitmischen: Schmuggel jeder Art, bevorzugt Waffen und Kokain, das in den letzten Jahren aus Südamerika angelandet über die Sahara nach Europa gelangt, aber auch Menschen, Nahrungsmittel und Treibstoff; ein wenig Kidnapping, gemeine Raubüberfälle, Erpressung.

Die sagenhaften Gewinne werden gerne auf lokalen Immobilienmärkten und im Transportwesen gewaschen, später in legale Geschäfte investiert. Und man finanziert Gemeinwesen, Parteien und Politiker, ergattert zum Lohn Staatsaufträge und wäscht sich rein, ist Schattenstaat im Staat, dem wohl erst Paroli geboten werden kann, wenn der Korruption das Wasser abgegraben wird.

Mein Kamel trägt mich durch die Welt.
Die Wüste tötet alle, die sie lieben.

"alam'i" von Koudede

3. Februar 2015 - bei Sellal, Tschad

Staubwolken verdüstern die Luft. Eine Einheit der tschadischen Armee nähert sich mit mörderischer Geschwindigkeit; wie vom Teufel gejagt. Falsch. Die Soldaten werden Teufel jagen, sind unterwegs Richtung Südwesten. Präsident Idriss Déby hat der Boku Haram den Krieg erklärt und erste Truppen ins Nachbarland Kamerun geschickt. Dort sind die Dschihad-Terroristen wie in Nigerias Bundesstaat Boku auf dem Vormarsch.
Währenddessen flieht die Zivilbevölkerung in Massen und füllt eilig errichtete Übergangslager im Tschad und besonders im Niger, wo seit Januar in der Region Diffa vier Mal so viele Flüchtlinge wie Lokalbevölkerung registriert wurden.

Seit März 2015 steht der Boku Haram eine grenzübergreifende Allianz gegenüber: Soldaten aus Niger, Kamerun und dem Tschad sind in Nigeria einmarschiert, werden von Frankreich aus der Luft unterstützt. Die Truppen verzeichnen Erfolge. Die Terrororganisation wurde zurückgedrängt, rächt sich mit Anschlägen und Selbstmordattentaten, blutig und hundsgemein.
Waffengänge können auf Dauer keine Lösung sein; solide Polizeiarbeit ist gefragt, Aufklärung und Dialog, um dem Terror den Boden zu entziehen und vor allem aufrichtiges Engagement, das der enormen Armut in der Region entgegenzuwirken vermag, den Menschen wieder Hoffnung gibt.

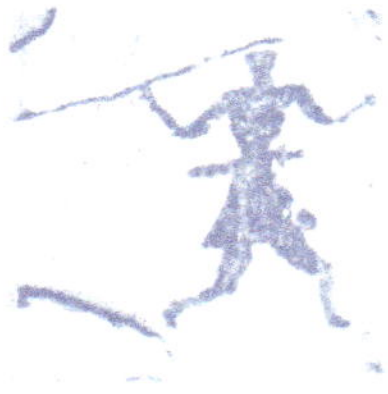

Der Traum der Kel Tamaschek vom eigenen Staat ist so alt wie die Unabhängigkeit ihrer traditionellen Wandergebiete von der französischen Kolonialmacht jung. Charles de Gaulles hat ihre Forderung von 1958 abgeschmettert. Die Führer der Region haben ihm das nie verziehen und die Zersplitterung des Nomadenvolks auf die fünf Länder Niger, Mali, Algerien, Libyen und Burkina Faso nie vollkommen akzeptiert.
Da erscheint bewaffneter Widerstand nur als logische Konsequenz. Doch die wiederholten Rebellionen im Norden Nigers und Malis hatten furchtbare Folgen: niedergemetzelte Herden, zerstörte Brunnen, verbrannte Erde; Massaker, Flucht und Exil. Das ganze entsetzliche Paket, das der Krieg auf dem Rücken trägt. Elend total.

Ich führe meine Söhne fort aus dem bewohnten Land, wo es Wasser in Hülle und Fülle gibt, das die Menschen zu Sklaven macht.

Lied der Kel Ewey aus dem Air-Gebirge, Niger

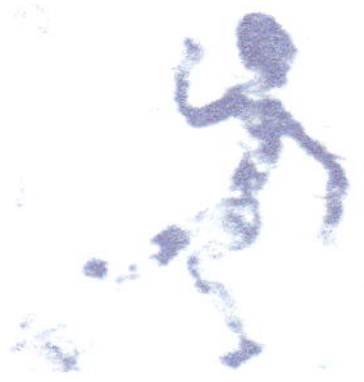

Schritt für Schritt, Karawanen marschieren gleichmäßig flott. Hunderte von Kilometern, manchmal tausende. Fleischkamele wandern aus dem Niger und Tschad den Schlachthäusern Libyens und Ägyptens entgegen. Natron und Bitterkraut werden wie Datteln und Hirse in harten Säcken aus Leder oder Palmfaser durch die Wüste getragen.

Die kostbarste Ladung ist Salz: glanzlose Kristalle aus dem Amedror, rötlich gefärbtes Korn aus Demi, mächtige Platten wie trübes Fensterglas aus dem Taoudenni, schmutziggraue Kuchen und Kegel aus Bilma oder Fachi. Weißes Gold für Mensch und Tier, das seinen Besitzern einst zu Wohlstand verhalf und heute gerade so das Überleben sichert. Lastwagen machen den Vierbeinern Konkurrenz, die Märkte werden von billiger Raffinerieware aus dem Ausland überschwemmt. Glück nur, dass das Gros der Nomaden für die eigenen Herden auf Saharasalz schwört.

6. Februar 2013 - bei Porta Lula, Tschad

Zwei Geländewagen ohne Nummernschilder sind unterwegs Richtung Libyen. An die dreißig Passagiere pro Gefährt. Erschöpfte Menschen ohne Gepäck, die aus Ländern südlich der Sahara stammen. Alle sind auf dem Weg in den Goldenen Westen. Darunter Ingenieure, Betriebswirte, Informatiker, Fernmeldetechniker, viele Bauern, ein Apotheker und ein Poet.

Kaum einer verlässt die Heimat leichten Herzens. *Die Schwemme billiger Hühnerbeine aus Frankreich hat mich ruiniert*, sagt ein Züchter aus Ghana. Ein anderer ist senegalesischer Fischer, dem ausländische Flotten die Fanggründe geleert haben. Auch Subventionen der Europäischen Union und internationale Fischereiverträge mit den Regierungen afrikanischer Atlantikanrainer zeichnen für die Misere verantwortlich.

So viele Geschichten auf einer trostlosen Reise aus einer trostlosen Heimat in eine vermutlich trostlose Zukunft.

28. Oktober 2010 - Erg Admer. Algerien

Wie so häufig treffen sich früh morgens die Krähen- und Rabentiere, vollführen ihr Ballett heute ganz nah auf einem Dünenkamm über meinem Nachtlager.
Einen alten Herrn juckt es im Gefieder. Ein jüngerer tanzt ausgelassen im Sand. Madame flirtet mit Monsieur. Schon trifft ein zweiter Bewerber ein.
Und plötzlich, die Sonne schiebt sich gerade über den Horizont, erheben sich alle Vögel wie auf ein geheimes Zeichen in die Luft und fliegen laut krächzend nach Osten dem gleissenden Licht entgegen.

Nie wieder Gefechtslärm und schwarzer Rauch! Das hatten viele Kel Tamaschek in den 1990er-Jahren mit Abschluss der Friedensverträge nach ihren bewaffneten Rebellionen im Norden Malis und Nigers gehofft. Heimat statt Exil. Aufbau statt Verwüstung. Endlich ein bisschen Schokolade statt leerer Hirsesäcke. Sicherheit. Zukunft!

Die erwies sich freilich als fragil. Nach wie vor kann das Gros der Nomaden kaum mehr als das tägliche Überleben meistern. Eine Politik des eigenen Bauches, die zahlreiche Mächtige viel zu gerne praktizieren, trägt wenig dazu bei, die Lebensbedingungen ihrer Bürger zu verbessern.

Die Arbeitslosigkeit ist hoch, die Infrastruktur mehr als bescheiden; ordentlich gemauerte Brunnen sind so rar wie Dürreperioden häufig. Krankenhäuser und Schulen sind Mangelware. Es gibt kaum feste Straßen und wenn, dann ist der Asphalt auf weiten Strecken zerfressen und mit knietiefen Löchern durchsetzt. Dass inzwischen Kolonnen chinesischer Arbeiter in rasendem Tempo neue Fahrwege durch die Sahara ziehen, ist mehr Chimäre als solide Investition. Schon nach wenigen Monaten bröckelt der Teer, und die Wüste erobert ihr Terrain zurück.

In weiten Teilen der Sahara gibt das Kamel wie eh und je den Takt vor. Die bedächtigen Bewegungen des so überheblich wirkenden Geschöpfs spiegeln sich im Tanz der Kel Tamaschek. Hände formen sich zum imaginären Haupt, Arme ahmen das sanfte Wiegen des langen Halses nach.

Beim *illougan*, einem prachtvollen Ballett von Mensch und Tier, sind die Regeln streng. Turban und Kamelkopf bilden eine Parallele, die Reiter tänzeln um eine im Sand sitzende Frauengruppe in deren Mitte eine Sängerin gemeinsam mit einer dröhnenden Mörsertrommel das Tempo vorgibt. Die Kreise der Tänzer werden immer enger. Lautes Trällern empfängt die Mutigsten, deren Tiere die indigogefärbten Körpertücher der Schönen fast berühren.

10. Januar 2011 - Nigerfluss bei Timbuktu, Mali

Der Himmel ist warm und die Luft weich. Sanfte Wellen plätschern gegen das Schiff. Irgendwo weit weg schreit ein Esel. Auf der Reling hinter dem Kapitän sitzt fett aufgeplustert eine weiße Taube. Ihr Gurren mischt sich mit dem Geräusch gedämpfter Stimmen, Musiker und Gäste des legendären «Festival au Désert» aus aller Welt. Übermüdete Gesichter, die meisten lächelnd und voller Glück, den Nachklang der so einzigartigen Konzerte der letzten drei Tage noch in den Ohren.

Der frühe Morgen auf der Fähre über den Nigerfluss war Frieden pur. Damals ahnte keiner, dass die Region nur ein Jahr später von einer blutigen Rebellion heimgesucht werden würde, die schließlich zu einem Militärputsch in der Hauptstadt Bamako und am 6. April 2012 zur Ausrufung des neuen Staates Azawad im Norden Malis führte, was in der Sprache der Kel Tamaschek *das Land der wandernden Hirten* bedeutet. Die Nation wurde in ihren Grundfesten erschüttert.
Dschihad-Terroristen nutzten das politische und militärische Chaos, um im Azawad mit Waffengewalt einen Alptraum namens Gottesstaat auszuleben. Zigaretten, Alkohol, Musik und Gespräche zwischen den Geschlechtern wurden für alle verboten, den Frauen Hosen, unverschleierte Gesichter und ein nächtlicher Gang auf die Straße. Bei Zuwiderhandlung drohen barbarische Strafen: öffentliche Auspeitschung und Steinigung, Amputation von Händen, Füßen und Ohren.
Die französische Armee intervenierte. Zehntausende Menschen flohen aus den umkämpften Zonen in die Nachbarländer.

Wenn die Musik stirbt, werde ich mit ihr sterben.

Ahmed Ag Kaedi, Gitarrist aus Kidal, Mali

Unsere Welt braucht Menschen mit ehrlichen Herzen.
Menschen, die alles ertragen können
und nie aufgeben, nie Krach schlagen.
Menschen, die nie in schlechte Gesellschaft geraten.

"adounia" von Ahmed Ag Kaedi, AMANAR

24. April 2011 - zwischen Aratene und Gargando, Mali

Es ist so heiß, dass selbst die Fliegen ermattet an den Zeltwänden kleben. Die Menschen tun es ihnen nach, lungern auf Teppichen und Lederkissen herum. Junge Männer und Frauen. Ein paar Kinder animieren zwei hochbeinige Schwarzkäfer zum Wettrennen auf einer mit Fingern in den Sand gezogenen Bahn. Ab und an wirft jemand ein Wort in die Luft.

Der Krieg in Libyen beschäftigt die Gemüter. Pro und contra Rebellen, beide Lager sind vertreten, wobei sich mit fortschreitender Stunde eine Mehrheit gegen Oberst Gaddafi formiert. Der habe die Kel Tamaschek jahrelang für seine politischen Spiele ausgenützt, ihnen höchstens mal ein paar magere Knochen zugeworfen, stichelt die einzige Dreißigjährige in der Runde.

Ich war mit ein paar Freunden dort, sagt ein sehr junger Nomade. Tausend Dollar pro Woche habe man jedem gegeben, der gegen die Aufständischen kämpft. Und eine Kalaschnikow. Doch dann seien am dritten Tag Bomben aus den Wolken gefallen. Überall Feuer, Blut und geschmolzener Sand. Da habe er seine tausend Dollar genommen und sich schleunigst aus dem Staub gemacht. *Ich bin für keinen Krieg mehr zu haben,* sagt er noch, bettet den Kopf auf dem Oberarm eines Cousins und schließt die Augen.

23. Februar 2014 - "Festival de l'Air" in Iferouane, Niger

Eine spektakuläre Staubwolke nähert sich aus der Ferne. Mit ihr dringt das eindringliche Brummen hochtouriger Motoren in die Ohren, wird stetig lauter. Erste Damen im Publikum beginnen heftig zu trällern. Bald löst sich eine schemenhafte Gestalt aus der gelblich schimmernden Wand.
Der erste Reiter ist da, passiert die Ziellinie, dicht gefolgt von johlenden Fans in einem Toyota-Station, dem Lieblingsfahrzeug saharischer Schmugglerbanden. Der Wagen fährt eine enge Acht, droht zu kippen. Ein riskantes Kunststück, das in diesen Breiten bei jüngeren Chauffeuren zum gängigen Repertoire gehört, wenn schöne Frauen in Festtracht zugegen sind. Dann zählt nur noch der Moment.

Was mir gefällt sind prächtige Männer, edle Kamele, glänzende Schwerter, aufwühlende Gedichte und berauschende Feste bis zum Sonnenaufgang. Lauft, lauft ihr hochmütigen Kamele und auch ihr jungen Tiere mit den kraftvollen Schritten. Die Stimme aus meinem Radio beinhaltet niemals solche Leidenschaft. Doch wir sind nur ein Sandkorn im Auge der Zeit.

Lied von Kel Tamaschek aus dem Air-Gebirge, Niger

16. Juni 2014 - Nouakchott, Mauretanien

Rot, sagt eine Freundin, das sei die Farbe des Lebens. Deshalb trage sie wie so viele Frauen der Sahara gerne Rot.

Allahu akbar – Gott ist größer. Kein Sandsturm verhindert die innige Zuwendung zu Gott. Der Sahara-Islam ist von jeher weltoffen und tolerant, das krasse Gegenteil zu jener engstirnigen Religionsauslegung ultrakonservativer Salafisten-Sekten oder politisch und wirtschaftlich motivierter Dschihad-Terroristen, die mit reichlich finanziellem Polster und letztere zudem mit Kriegsgerät ausgestattet verstärkt in die Weite der Wüste vordringen, dort ihre Jünger aus Heerscharen von Arbeitslosen und Armen rekrutieren.

Es gibt kaum Gegenwind. Politiker stecken den Kopf in den Sand, sehen weg oder lassen sich ihr Schweigen vergolden. Nur die Korangelehrten traditioneller Schulen leisten offen Widerstand. Meist alte Männer, die einen friedlichen Islam in die Köpfe ihrer Schüler pflanzen, selbst mutig in den Ring steigen und sich den häufig bis an die Zähne bewaffneten Gegnern wortgewaltig entgegenstellen. Ja, es braucht Koranschulen – nur die richtigen sollten es sein.

12. Juni 2014 - Nouakchott, Mauretanien

Das Rauschen des Atlantiks klingt leise in den Ohren. Irgendwo ruft ein verspäteter Muezzin. Brütende Hitze drückt auf die Stadt. Draußen spielen die Kinder, drinnen sitzen die Erwachsenen.
Wieder ein neuer Tag im Exil, wo sich die Gespräche ständig um die Heimat, um zurückgebliebene Verwandte und Freunde im Norden Malis, um Krieg und Frieden drehen. Frieden, nach dem sich alle so heftig sehnen und von dem doch jeder ahnt, dass er noch in sehr, sehr weiter Ferne liegt. Die Stimmen der Zivilbevölkerung finden kaum Gehör, Männer mit Waffen kämpfen verbissen um Kontrolle und Macht.

22. Februar 2014 - Iferouane, Niger

Die Sicherheitslage in der Republik könnte besser sein. Das «Festival de l'Aïr» findet dennoch statt. Sein Gründer, Rhissa Ag Boula, hat mich gebeten die Festtage in Bilder zu bannen und sorgte für einen bewaffneten Begleiter von Agadez hinaus in die Berge. Besser so in Zeiten wie diesen, wo das Reisen in Teilen der Sahara ob der Entführungsgefahr für Europäer riskant sein kann.
Der Himmel über der Oase ist voller Sturmböen und klart nur langsam auf, als solle die Erinnerung an die Explosion einer Mine am Vormittag durch die in der Luft wirbelnden Staubschwaden festgehalten werden. Kein Terroranschlag, sondern ein schmerzhaftes Andenken an die Rebellion von 2007.
Ein Kel Tamaschek verlor seinen linken Fuß. Das Opfer wurde mit dem Hubschrauber einiger aus der Hauptstadt angereister Exzellenzen evakuiert. Kleines Glück im großen Unglück.
Am späten Nachmittag hüllt die Sonne Hunderte von Kamelreitern in goldenes Licht und drängt das Drama in den Hintergrund. Nun beginnt ein großartiges Fest, das Poesie, Musik und Tanz feiert und die Traditionen des Nomadenlebens auferstehen lässt, besonders jedoch der nationalen Einheit und dem Frieden dienen und einer Ausweitung des nach wie vor blutigen Konflikts im benachbarten Norden Malis auf die Republik Niger vorbeugen soll.

Wenn Geschäftemacherei, mafiöse Geflechte und Terrorismus die Oberhand gewinnen, werden wir Kel Tamaschek untergehen.

Rhissa Ag Boula, Ex-Minister und Regierungsberater aus dem Air-Gebirge, Niger

Kel Tamaschek öffnet eure Augen, wacht auf!
Die Welt dreht sich rasend schnell.
Wer nicht achtsam ist, wird verloren gehen.

"kel tamaschek" von Abdallah Ag Alhousseyni, TINARIWEN

Umzug im Norden des Tschads. Merkwürdige Skulpturen wandern durchs weite Land. Mutter Tubu verschwindet mit den Jüngsten in einer schwankenden Kabine, thront im Schneidersitz hinter dünnem Stoff im Schatten, während unverheiratete Damen sich offen zeigen, häufig auch im Männersattel auf Kamelen reiten. Anders als bei arabischstämmigen Tschadnomaden, wo sich die gesamte Weiblichkeit den Blicken der Welt entzieht, nur die Storchenbeine junger Mädchen sichtbar im Eselstrott wiegen.

1. Februar 2014 - Tibesti-Gebirge, Tschad

Auf der Hochebene gibt es ein berühmtes Natronloch. Es könnte die gesamte Erdbevölkerung sechs Mal aufnehmen. Das hat ein deutscher Mathematiklehrer ausgerechnet.
Im Gegensatz zu vielen Sahara-Reisenden kann ich dem gewaltigem Krater wenig abgewinnen, bin mit meinen Gedanken bei der Übersetzung des Namens eines stattlichen Vulkanmassivs an seinem Nordwestrand: *tarso toussidé – Wer hat die Tubu getötet?*
Heute trägt die Frage den Schnurrbart von René Magritte. Dada im Tschad, und es scheint fast, als würde der seit Jahrtausenden erloschene Vulkan wieder erwachen. Blinder Alarm, heftige Sturmböen und starker Regen sorgen für eine ungemütliche Nacht.

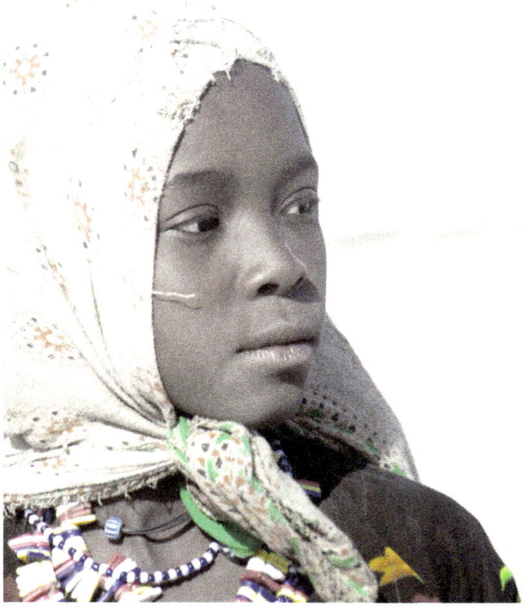

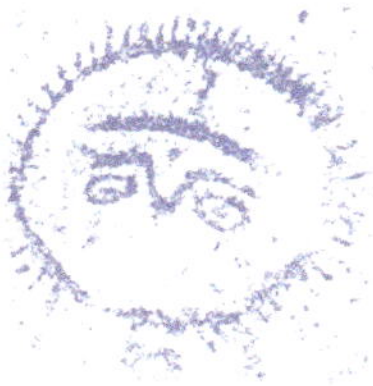

Es ist lange her, dass Tubu im Norden des Tschads meine Kamera scheuten. Seit sich herum gesprochen hat, dass ich regelmäßig zurückkehre und Umschläge mit Abzügen abliefere, bin ich – wie ein Freund aus dem Tibesti es einmal spöttisch formulierte – zur Hoffotografin mutiert. Selbst angesehene Herren und stolze Damen verlangen inzwischen ihr Bild.

Es gefällt mir, schafft flüchtige Bindungen zu den Fremden, ein winziges Vertrautsein für Sekunden und wunderbare Momente, wenn Empfänger, die ihre Lagerplätze gewechselt haben, endlich durch beharrliches Durchfragen ausfindig gemacht werden, ihre Bilder in Händen halten und mit einem kurzen, *bourigali – Danke*, lächelnd ihre Anerkennung zeigen.

26. Januar 2014 - Kouba Olanga. Tschad

Ein Mädchen zupft mich am Ärmel. *Foto*, sagt sie, baut sich vor mir auf, zieht ihren schwarzen Tüllschal vor den Mund und dreht ihr Gesicht kokett ins Bild.
Sekunden später hat sie genug, betrachtet sich auf dem Display. Das Ergebnis gefällt. *Alhamdullilah – Gott sei Dank*, sagt sie noch und taucht in einer Gruppe von Kindern unter. Schon steht ein Junge vor mir, *Foto* …

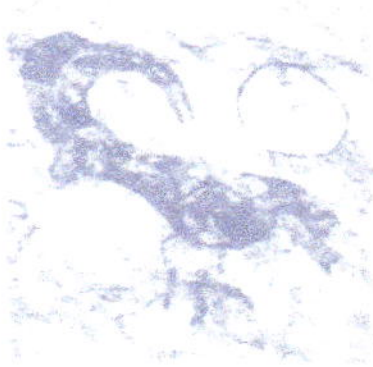

Vor sechzig bis siebzig Millionen Jahren durchbrachen riesige Lavaströme heftiger Vulkanausbrüche die westafrikanische, kristalline Platte und schufen die gewaltigen Gebirgsformationen des Ahaggars: schwere Felsmassive, verwegene Kegel, klotzige Festungen und hohe Dome, unterbrochen von tiefen Schluchten und ausgedehnten Feldern aus verwittertem Geröll und feinem Sand. Das Land der versteinerten Geister. Auch das Land unterirdischer Atombombentests der französischen Armee, die so trügerische Codenamen wie *Achat, Beryl, Smaragd, Amethyst, Rubin, Opal, Topas, Türkis, Saphir, Jade, Korund, Turmalin* und *Granat* trugen.

Beryl geriet außer Kontrolle und ließ einen mit hunderten von Sandsäcken verstärkten Betondeckel wie eine Feder durch die Luft fliegen. Später erkrankten die Bewohner nahegelegener Dörfer und Zeltlager an einer unerklärlichen Krankheit. Man nannte sie *Große Grippe*. Manche starben. Warum? Das konnte noch nicht aufgeklärt werden. Paris hält die Akten seit dem 1. Mai 1962 unter Verschluss.

25. März 2007 - bei Arlit, Niger

Eine Sandhose tanzt über das weite Land und wirbelt ihren Staub hoch in den Himmel hinauf. Staub, der in diesem Teil der Sahara gefährlich sein könnte. Bei Arlit fördert das französische Staatsunternehmen Areva seit Jahrzehnten Uranerz für seine Armee und Atomkraftwerke, verschwendet dabei Unmengen an Wasser und hinterlässt den Nomaden vor Ort unter riesigen Abraumhalden verschwundene Weideflächen und strahlende Altlasten.
Mit dem Uranabbau hat sich alles verändert, sagt mein Chauffeur. Ziegen und Kamele hätten Fehlgeburten, Fohlen kämen missgebildet zur Welt. Bei einigen Tieren würden sich merkwürdige Wucherungen unter der Haut entwickeln.
Auch Menschen werden krank, sagt er noch und, dass er in Arlit und Umgebung schon lange kein Wasser mehr aus Hähnen oder Brunnen tränke, sondern stets volle Kanister aus Agadez mit sich führe.

12. Januar 2015 - unterwegs von Agadez nach Niamey, Niger

Jeder einzelne Knochen im Leib wird durchgeschüttelt. Der nigrische Teil der Trans-Sahara-Straße – von internationalen Medien als *la route d'uranium* bezeichnet – ist auf hunderten von Kilometern keine Straße mehr, sondern eine traurige Ahnung von Asphalt, zerstört durch die tonnenschwere Last der französischen Urantransporte aus den Minen bei Arlit zum Hafen von Cotonou in Benin. Sie ist mit knietiefen Löchern durchsetzt, teilweise völlig zerfallen, zerbröselt und kann kaum noch Straße genannt werden, obwohl sie die Hauptverkehrsader der Republik auf der Nord-Süd-Achse ist.

Seit Jahren leiden die Menschen, beschweren sich zunehmend lauter über den unerträglichen Zustand. Gleichzeitig wird seit Jahren gestritten, wer die Reparatur bezahlen soll – der Staat oder die Areva. Letztere, denken die meisten Nigrer, schließlich sei es Frankreich, das die Straße kaputt mache.

16. Februar 2015 - Bitkine, Tschad

Hey Madame, sagt ein Straßenhändler. *Ich gebe dir meine Mobilnummer, dann kannst du mich anrufen.*
Und dann?
Dann werden wir telefonieren. Das ist doch schön.

TOYOTA

Sandsturm ist nicht gleich Sandsturm. Der Unheimliche ist in der Region um Kouba Olanga zu Hause, wo das dürre Land, das vor Jahrtausenden belebter Meeresgrund war, mit mäandernden Kalkplaquen und porösen Muschelbänken durchzogen ist. Er verwandelt die Wüste in eine düstere Schemenwelt und bedeckt die Haut der Menschen mit einer feinen Staubschicht, die sich hartnäckig wie Sekundenkleber festfrisst.
Der Jähzornige lodert unbeherrscht vor einem Gewitter auf, wälzt sich als finstere Walze durch die weißen Dünen von Timbuktu, wirbelt trockenes Gebüsch durch die Luft und wird doch, sobald die Wolken platzen, schnell aus der Wüste gewaschen.
Der Ausdauernde bläst zur späten Winterzeit aus der Ténéré, dem Land da draußen hinter dem Horizont, bis ins Air-Gebirge und noch viel weiter. Kurz vor Mitternacht legt er sich für wenige Minuten zur Ruhe, um dann mit unverminderter Wut wieder aufzuflammen. Manchmal für ein paar Tage, manchmal über Wochen.

1. Februar 2013 - bei Selal. Tschad

Gespenster im Sturm. Drei Tubujungen versperren den Weg, schneiden Grimassen und formen mit ihren Körpern bedrohliche Figuren, versuchen zu erschrecken. Absurdes Theater, das schnell im gemeinsamen Gelächter in sich zusammenbricht.

26. Dezember 2009 - Djanet, Algerien

Trommeln und Gesänge; Sonne, Tanz und Indigo: einmal im Jahr werden Geister vertrieben. Aus dem Westen und Osten der Oase ziehen zwei mit Schwertern bewaffnete Gruppen symbolisch ins Feld. Das beste Schauspiel erringt den Sieg.

S'biba ist ein uraltes Ritual der Kel Tamaschek in Djanet, das sonst nur noch in Agadez stattfindet, dort den Namen *bianu* trägt. Noch konnte ein aggressiver, fundamentalistisch ausgerichteter Islam die Feierlichkeiten nicht verhindern.

Der Gegenwind nimmt zu, Bärtige – so bezeichnet man saharaweit fanatische Prediger wahhabitischer oder salafistischer Schulen – gewinnen an Einfluss und verdammen dergleichen als *haram*, sprich: tabu, nach islamischem Recht verboten.

Meine Musik soll der Jugend Hoffnung geben.

Almoctar Oumara Goumour, Gitarrist aus Agadez, Niger

Ich fühle mich wie gelähmt,
wenn ich unsere Zerrissenheit betrachte.
Wir teilen die gleiche Kultur,
die gleiche Sprache,
die gleichen Schwierigkeiten.
Warum können wir uns nicht vereinen?

"tigrawahi tikma" von Almoctar Oumara Goumour, BOMBINO

Ein bunter Kopfschal, ein besticktes Kleid und eine Kamelpeitsche … Anders als bei den Kel Tamaschek hüten und melken bei den Tubu Frauen die Kamele. Unverheiratete Mädchen sitzen wie die Männer im Sattel, sind mit Messern bewaffnet und wissen damit umzugehen.

Ansonsten haben die beiden Nomadenvölker viel gemein. Einst erbitterte Feinde, die sich auf ausgedehnten Raubzügen gegenseitigen überfielen, verbündeten sie sich bei vergangenen Rebellionen im nigrischen Norden und ringen heute manchmal gemeinsam, manchmal gegeneinander um eine Verbesserung ihrer Lage.

Auch zahlreiche Tubu wünschen sich insgeheim einen eigenen Staat, der im Süden Libyens, wo die gewählte Regierung des von internen Konflikten zerrissenen Landes kaum Einfluss hat, bereits zarte Form annimmt. Doch so verführerisch der Traum auch sein mag, im Norden des Tschads, wo das Gros der Tubu lebt, sind sie auf der Hut, um die Menschen auf keinen Fall in so elende Bedingungen zu stürzen wie im nördlichen Nachbarland; ganz zu schweigen vom malischen Desaster.

1. Mai 2015 - Tahrarart bei Djanet, Algerien

Siehst du den alten Herrn im Westen, fragt ein Freund.
Du meinst vermutlich das Kamel?
Ja. Das ist ein ausgekochter Lump. Der robbt sich nach Sonnenuntergang unter Stacheldrahtzäunen durch und weidet seelenruhig in den Oasengärten.

Der Platz wird knapp. Weniger im Süden Algeriens, sondern im Norden Malis als auch Nigers, wo sich die Bevölkerung beider Staaten bis zur Mitte des Jahrhunderts verdreifachen wird und Bauern im Ringen um Ackerland verstärkt Weideflächen im Nomadenland besetzen. Nicht nur verbale, auch handgreifliche Auseinandersetzungen nehmen zu, während dringend notwendiger Regen viel zu häufig auf sich warten lässt.

29. Januar 2014 - bei Rond-Point de Gaulle, Tschad

Verwegene Gestalten auf der Suche nach dem Glück. Der Traum vom Gold scheint zum Greifen nah. Ein heftiges Fieber verbreitet sich seit einigen Monaten rasend schnell. Aus allen Ecken des Landes strömen Männer – jung und alt – in die hohen Berge des Nordens, durchwühlen den Sand karger Täler. Was vier Räder und Geländegang hat, ist unterwegs.
Hundertschaften brausen Hunderte von Kilometern durch einsame Wüste in noch einsamere Wüste, wo Kälte, Wind und Hitze den Ton angeben und Wasser manchmal so weit entfernt liegt, dass jedes große Fass davon bis zu fünf Gramm Gold verschlingt.
Familien werden verlassen, Häuser und Grundstücke verkauft, das letzte Polster eingesetzt, um dabei zu sein. Selbst Auswanderer, durch die Sahara nach Europa unterwegs und mit kaum einer Jacke am Leib, legen Zwischenstopps ein.
Es schlägt die Stunde für Ausrüster, Versorger, Chauffeure, Goldaufkäufer und besonders Banditen, die sich tatsächlich goldene Nasen verdienen, während die einzelne Wühlmaus nur selten auf ihre Kosten kommt. Sicher, man hat den sagenhaften Fund eines gewissen Mohameds im Ohr. Allerdings ist die saharische Gerüchteküche nicht minder phantasievoll als anderswo.

8. Januar 2015 - Agadez, Niger

In Agadez werden haufenweise Wasserkanister verkauft. Die Stadt ist voller Goldgräber, ein Durchgangsposten auf dem Weg in die Wüste hinaus. *Alles Fremde! Die überschwemmen uns. Man kennt plötzlich niemanden mehr und bekommt es mit der Angst zu tun*, sagt eine Freundin.

Zwei- bis dreimal pro Woche starten Lastwagen in der Nähe des Flughafens. Über dreihundert Passagiere pro Gefährt, enger als in einer Batterie von Legehennen auf Holzbrettern kauernd, die als Etagenböden durch die Gitter der Ladeflächenwände geschoben wurden.

Der Goldrausch hält die Region fest im Griff. Männer fressen sich wie Heuschrecken durch die Wüste, haben neben Tschad inzwischen riesige Gebiete des nigrischen Nordens sowie den Süden Algeriens und Libyens befallen.

Tausende durchwühlen die Sahara: In- und Ausländer, Nomaden und Sesshafte, Arme und Reiche. Metalldetektoren werden über den Sand geführt. Mit Hacken wird auf harten Fels gehauen und über zwanzig Meter tief in den Boden hineingegraben. Ganz egal, ob die Sonne sticht oder ein eiskalter Wind über die Goldregionen fegt. Krankheit und Unfälle sind ständige Begleiter, Überfälle und Betrug an der Tagesordnung, Mord und Totschlag häufiger Gast.

29. Februar 2011 - Archei (Ennedi), Tschad

Kamele am Strand und zwei in der Sahara gestrandete Krokodile, die sich die Vormittagssonne auf den Panzer brennen lassen und – anders als so mancher Verwandte im Nigerfluss – keine gefährlichen Bestien sind. Mein Begleiter legt Turban und Sonnenbrille in eine Felsspalte und springt zu ihnen ins Wasser. Die Krokodile ergreifen die Flucht.

Unten in der Schlucht hallen die Rufe von Stuten nach ihren Fohlen. Tiefe Töne, deren Schwingungen den Geist aus der Wirklichkeit lösen, in einen Zustand zeitloser Ruhe versetzen. Ein kleiner Garten Eden.

11. Februar 2015 - Archei (Ennedi), Tschad

Gesten ersetzen eine gemeinsame Sprache. Wie bei jedem Besuch trägt die junge Tubu passende Gummischlappen zum Kleid, springt in ihnen über Akazienstacheln und Fels. Leichtfüßig und ohne je ins Straucheln zu geraten.

22. Februar 2015 - N'Djamena, Tschad

Sonntag in der Hauptstadt – im Fluss finden Taufen statt, und Menschen strömen durch die Straßen. Trotz des Kriegs der eigenen Soldaten gegen die Terrororganisation Boku Haram in den westlichen Nachbarländern scheint allgemeine Sorglosigkeit zu herrschen.

22. Januar 2007 - Assamaka, Niger

An der Grenze herrscht kein Verkehr. Die Zöllner haben Zeit. Einer hält unsere Fahrzeugpapiere lange in Händen, liest.

Warndreieck, sagt er schließlich. Dann, *Rettungsweste* und, *Erste-Hilfe-Kasten*. Erstaunlicherweise ist alles vorhanden, auch ein Ersatzreifen und Wagenheber. Alle Scheinwerfer funktionieren und beide Blinker.

Mein Begleiter steht neben dem Wagen und versucht, seine Unruhe zu verbergen. Er misstraut Männern in Uniform.

Madame, sagt der Zöllner, *ich sehe hier in den Papieren, dass das ein Wagen für fünf Personen ist. Sie sind aber nur zwei. Das kostet!*

Er hat kein Glück im Gegensatz zu drei Nomaden, die auf eine Mitfahrgelegenheit nach Agadez warten und nun mit uns reisen werden.

6. Februar 2015 - Ounianga-Seen, Tschad

Das Paradies liegt einsam. Im Umkreis von tausend Kilometern wartet nichts als Wüste: trockener Sand, staubige Kiesfelder und karger Fels. Wer es bis zu den Ounianga-Seen schafft, glaubt sich in einer phantastischen Fata Morgana gefangen. Ihre leuchtenden Blautöne stechen fast schmerzhaft in die Augen, die das ungewohnte Farbspektrum nach dem langen Weg durch regenloses Land kaum mehr einzuordnen vermögen.

Joa, der salzige Zentralsee liegt offen da. Wellen brechen sich am Strand, und viel Wasser verdunstet. Eine gigantische Pumpe, die stetig Zufluss verlangt, den sie aus höher gelegenen Süßwasserseen zieht, die von fossilen unterirdischen Reservoirs gespeist werden. Dort oben rauscht der Wind durch schwimmende Schilfinseln, die die Wasseroberfläche großflächig von der Sonnenhitze abschirmen und quakenden Enten ein grandioses Brutgebiet bieten.

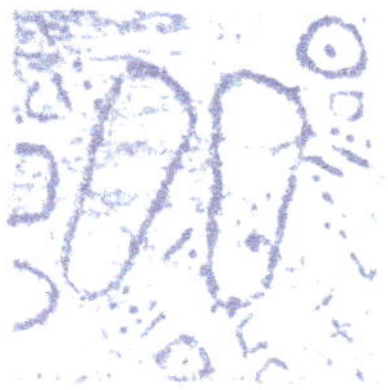

Hin und wieder liegen in der Wüste Dinge herum, einsame Spuren menschlichen Seins, Zeugnisse fremder Vergangenheiten. Auf Pisten, die Auswanderer Richtung Europa befahren, warten häufig einzelne Schuhe, staubige Schirmmützen oder leere Wasserflaschen und selten Mobiltelefone oder Sonnenbrillen. Abgewetzte Palmfaserstricke, von Rost zerfressenes Emaille-Geschirr oder brüchige Plastikschlappen deuten auf aufgegebene Nomadenlager, leere Ölkanister oder zerschlissene Reifen auf Reparaturarbeiten an Kraftfahrzeugen. In regelmäßigen Abständen ausgelegte, mit Zement gefüllte Fässer für Treibstoff zeigen im Sandsturm den Weg, während solche Fässer, jedoch leer, an abgeschiedenen Orten auf Tankstopps diverser Schmuggeltransporte hinweisen können. Meist Waffen oder Drogen.
Bei der Droge geht es um Kokain, das tonnenweise aus Südamerika in Westafrika eingeflogen oder an der Atlantikküste angelandet, dann Richtung Osten quer durch die Wüste zu Verteilerposten in Libyen, Ägypten und dem Libanon gefahren und anschließend über das Mittelmeer nach Europa transportiert wird: ein steter Fluss an weißem Schnee, der in seinen Niederungen gewaltigen Dreck ablagert, die Korruption auf allen Ebenen fördert und Schattenstaaten aus nationalen und regionalen Militärs, Beamten, Geschäftsleuten, Rebellen, Banditen, Milizen und Dschihad-Terroristen fett macht. Eine der entscheidenden Ursachen für die bewaffneten Konflikte in der Sahara.

Musik ist die Basis unserer Kultur. Die Poesie, die Lieder, die Tänze. Das ist Freude pur! Wir Kel Tamaschek haben kaum Krankenhäuser, aber wenn wir Musik spielen, dann ist das unsere Medizin.

Fadimata Walett Oumar El Ansari, Sängerin aus der Region Timbuktu, Mali

Hand in Hand wird Frieden herrschen
und das Böse die Welt verlassen.
Glück wird bestehen
und alter Hass vergehen.

"afous d'afous" von Fadimata Walet Oumar El Ansari, TARTIT

3. März 2013 - Timia, Niger

Ein überwältigender Rausch: Millionen vom Licht der Scheinwerfer des «Festival de l'Air» angestrahlte Staubpartikel schwirren durch die Nacht und hüllen die Szenerie in einen flimmernden Nebel. *Aïjouhou*, Jubelschreie erfüllen die Luft. Unvermittelt endet der Gesang der Frauen, und die bei den Kel Tamaschek übliche Contenance kehrt zurück.

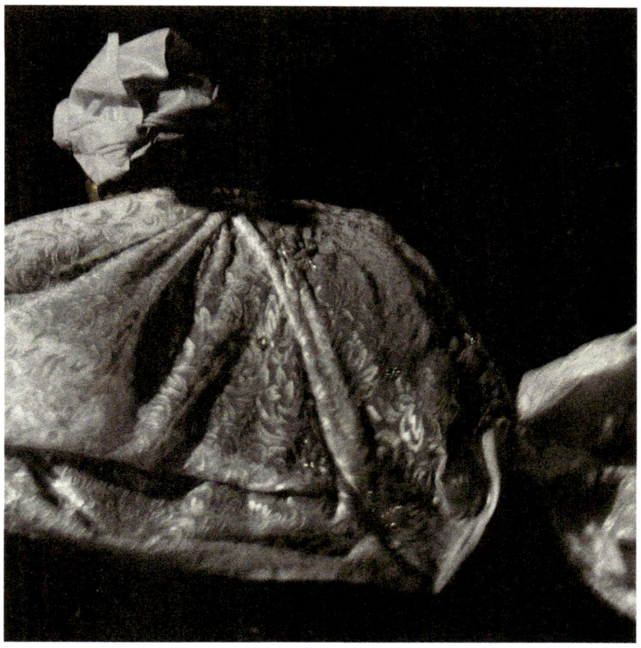

Bewohnerinnen der Sahara vermeiden laute Töne. Keine Bewegung ist hastig, alles geschieht voller Anmut. Wie ihre Mütter beherrschen bereits junge Mädchen die Kunst raffinierter Betörung, wissen ihre weiblichen Waffen einzusetzen und verborgene Reize auszuspielen.

In der Nacht, wenn weicher Feuerschein und das Licht aus Taschenlampen die perfekte Kulisse bieten, bezaubert ihre Fertigkeit, den Körperschal wie zufällig im richtigen Moment zu raffen. Oder zu lüften und winzige Blicke auf die Geheimnisse darunter zu gewähren. Dann rutschen glänzende Stoffe vom Haar oder geben eine nackte Schulter frei und werden prompt mit einer scheinbar beiläufigen Geste der Hand wieder zurechtgerückt.

In der Sahara wird jeder Gast von den Nomaden fürstlich empfangen und stiehlt sich später lautlos wie die Nacht davon. Denn Abschied ist immer ein kleiner Tod; und der steht in der Wüste stets vor Augen: die verdorrte Akazie. Der mumifizierte Esel. Bleiche Knochen und trockenes Land.

3. Januar 2015 - unterwegs, Niger

Bonjour Madame, rufen fliegende Händler. Ihr Angebot ist riesig, Reiseproviant bald gekauft: gegrillte Ziege, getrocknete Beeren, harte Käsescheiben dünn wie Papier …
Unterwegs Richtung Wüste, ein vertrautes Gefühl. Der übliche Sprung in der Windschutzscheibe, eine ausgeleierte Musikkassette im Recorder und die Seitenfenster weit geöffnet. Der Fahrtwind wirbelt durch die Haare. Die Sonne strahlt, und die dunklen Wolken, die über weiten Teilen der Sahara kreisen, scheinen weit weg zu sein.

TOYOTA

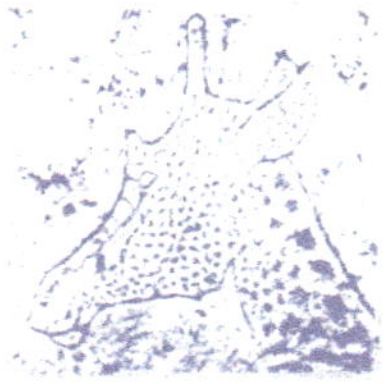

Eben noch ein Sandsturm und wenig später Engelsflügel am Himmel über der Wüste. Gegensätze liegen nah beieinander: da das friedliche Tal mit Hirten am Brunnen, und nur ein paar Kilometer weiter rast ein schwer bewaffneter Drogenkonvoi über den Sand. Parallelwelten, die verstören. Wie der Spagat zwischen der Schönheit der Bilder aus der Sahara und dem Wissen um all die schwer lösbaren Konflikte in der Region.
Das Ringen vieler Nomaden um ein würdevolles Überleben scheint derzeit so aussichtslos. *Doch die Hoffnung liegt in der Verzweiflung*, sagte ein Freund aus dem Norden Malis im Exil in Mauretanien. *Incha Allah – so Gott will.*

SPANIEN
ATLANTIK
MAROKKO
WESTSAHARA
Lemgheity
TAOUDENNI
Atar
MAURETANIEN
MALI
NOUAKCHOTT
Timbuktu
Gargando
NIGER
Néma
Aratene
Léré
SENEGAL
Mopti
BAMAKO
BURKINA
FASO
GUINEA

0 100 km
MITTELMEER
ALGIER
TUNESIEN
Traditionelle Wandergebiete
Kel Tamaschek
Tubu
TRIPOLIS
Ghadames
ALGERIEN
LIBYEN
ÄGYPTEN
Reggane
Illizi
In Amguid
Sabha
TASSILI N'AJJER
Ghat
Djanet
FEZZAN
TANEZROUFT
AMEDROR
AHAGGAR
Tamanrasset
Koufra
TIBESTI
Bardai
Bordj Moktar
Toussidé
TENERE
DJADO
Zouar
TIBESTI
In Guezzam
Tessalit
Assamaka
OUANIANGA
Bilma
Ron Point de Gaulle
Demi
Joa
Porta Lula
IFOGHAS
Iferouane
Arlit
Kidal
AIR
Fachi
Faya
ENNEDI
Timia
AZAWAD
AZAWAD
AIR
Fada
Agadez
Gao
Ménaka
Kouba Olanga
NIGER
Kalait
Selal
Tahoua
TSCHAD
Zinder
NIAMEY
Diffa
TSCHAD-SEE
Abéché
SUDAN
N'DJAMENA
NIGERIA

Es gibt keinen Weg zum Frieden,
denn Frieden ist der Weg.

Mahatma Gandhi